संस्कृतारम्भः

saṁskṛtārambha:

A Beginner's book for Sanskrit

सम्पादन समूहः
Editing group

भूपेन्द्रः	Bhupendra Maurya
मंजू	Manju Maurya
चन्द्रसेखरन्	Chandrasekharan Raman
पुरुषोत्तमः	Purushottam Rachabattuni
स्वर्णा	Swarna Rachabattuni

प्रकाशकः
Publisher

वैदिक विद्यालयः Vedic Vidyalay

SCHOOL OF INDIAN LANGUAGES, ARTS, AND SCIENCES

http://www.VedicVidyalay.org

Tel: +1(732) 305-0509

Second Edition 2014

Some pictures and concepts courtesy of SamskritBharati

Dear Students and Parents,

This book uses a transliteration scheme with Latin alphabet, please see the table below to familiarize. For long matras a bar above letter is used like ā as in "card". Another difference is c for च as in chat. The ट series has a dot at bottom like ṭ . For bindus an ṁ is used. For Vowels there maatra form is also displayed
Vedic Vidyalay editing group

अ	आ ा	इ ि	ई ी	ऋ ृ
a	ā	i	ī	r̥

उ ु	ऊ ू	ए े	ऐ ै
u	ū	ē	ai

ओ ो	औ ौ	अं ं	अः ः
ō	au	aṁ	aḥ

क ka	ख kha	ग ga	घ gha	ङ ṅa
च ca	छ cha	ज ja	झ jha	ञ ña
ट ṭa	ठ ṭha	ड ḍa	ढ ḍha	ण ṇa
त ta	थ tha	द da	ध dha	न na
प pa	फ pha	ब ba	भ bha	म ma

य ya	र ra	ल la	व va
श śa	ष ṣa	स sa	ह ha
क्ष kṣa	त्र tra	ज्ञ jña	श्र śra

कक्षा समयस्य प्रार्थना Prayer before class

सरस्वति नमस्तुभ्यं वरदे कामरूपिणि।
विद्यारम्भं करिष्यामि सिद्धिर्भवतु मे सदा॥
गुरुर्ब्रह्मा गुरुर्विष्णु: गुरुर्देवो महेश्वर:।
गुरु: साक्षात्परं ब्रह्म तस्मै श्रीगुरवे नम:॥
ॐ सह नाववतु सह नौ भुनक्तु
सह वीर्यं करवावहै।
तेजस्विनावधीतमस्तु मा विद्विषावहै॥
ॐ शांति: शांति: शांति: ।

sarasvati namastubhyaṁ varadē kāmarūpiṇi
vidyārambhaṁ kariṣyāmi siddhirbhavatu mē sadā
gururbrahmā gururviṣṇu: gururdēvō mahēśvara:
guru: sākṣātparaṁ brahma tasmai śrīguravē nama:
ōm̐ sah nāvavatu sah nau bhunaktu
sah vīryaṁ karavāvahai
tējasvināvadhītamastu mā vidviṣāvahai
ōm̐ śāṁti: śāṁti: śāṁti:

'O Saraswatī, salutations for you, O Giver of boons, O Giver of form to desire, I am going to start studying, may success be mine, always'
The Guru is Brahma (The God of Creation) ,The Guru is Vishnu (The God of Sustenance), The Guru is Shiva (The God of Annihilation), My Salutation to such a Guru, who is verily the Supreme God.
Om, May we all be protected, May we all be nourished, May we work together with great energy, May our intelect be sharpened (may our study be effective) Let there be no Animosity amongst us Om, peace (in me), peace (in nature), peace (in divine forces)

प्रात: प्रार्थना Morning Prayer

कराग्रे वसते लक्ष्मीः करमध्ये सरस्वती।
करमूले तु गोविन्दः प्रभाते करदर्शनम् ॥
समुद्रवसने देवी पर्वतस्तन मण्डले।
विष्णुपत्नी नम्स्तुभ्यं पादस्पर्शं क्षमस्वमे॥

karāgrē vasatē lakṣmīḥ karamadhyē sarasvatī
karamūlē tu gōvindaḥ prabhātē karadarśanam

samudravasanē dēvī parvatastan maṇḍalē
viṣṇupatnī namstubhyaṁ pādasparśaṁ kṣamasvamē

1: At the Top of the Hand (i.e. Palm) Dwell Devi Lakshmi and at the Middle of the Hand Dwell Devi Saraswati,
2: At the Base of the Hand Dwell Sri Govinda; Therefore one should Look at one's Hands in the Early Morning and contemplate on Them.
I offer obeisance to You O deity of the earth, the consort of Lord Vishnu who is donned with clothes in the form of the sea and has breasts in the form of mountains. Forgive me for touching You with my feet.

मम नाम भूपेन्द्रः । भवतः नाम किम्?
mama nāma bhūpēndra: bhavata: nāma kim?
My name is Bhupendra. What is your name?
मम नाम अजयः mama nāma ajaya:
My name is Ajay

मम नाम भूपेन्द्रः । भवत्याः नाम किम्?
mama nāma bhūpēndra: . bhavatyā: nāma kim?
My name is Bhupendra. What is your name?
मम नाम कविता mama nāma kavitā
My name is Kavita

कृपया भवतः/भवत्याः भावचित्रम् अत्र स्थापयतु, संस्कृतेन नाम च लिखतु

kṛpayā bhavata:/bhavatyā: bhāvacitram atra sthāpayatu saṁskṛtēn nāma c likhatu

Please put your picture below and practice writing you name in Sanskrit.

मम नाम ....

mama nāma ....

My name is ....

प्रथमम् स्वकीय नाम वदतु अनन्तरम् कृपया छात्रान् पृच्छतु। बहुनि दिनानि एतत् पृच्छतु। कृपया सामान्य भारतीय नामस्य रूपरेखा बोधयतु।

अ

अजः aja:

Goat

अङ्कनी aṅkanī

Pencil

अग्निः agni

Fire

अन्धकारः andhakāra:

Darkness

अलसस्य कुतः विद्या अविद्यस्य कुतः धनम् ।
अधनस्य कुतः मित्रम् अमित्रस्य कुतः सुखम् ॥

alasasya kutaḥ vidyā avidyasya kutaḥ dhanam |
adhanasya kutaḥ mitram amitrasya kutaḥ sukham ||

How can a lazy one get educated, how can an uneducated man earn wealth, how can a penniless man have friends, and how can anyone be happy without friends ?

अम्बा स्नेहं करोति

ambā snēhaṁ karōti

Mother loves.

अध्यापिका पाठयति

adhyāpikā pāṭhayati

Teacher teaches.

अ

अम्बा ambā

Mother

अ

आ

आम्र: āmra

Mango

आ

इ

इन्द्रधनु:

indradhanu:

Rainbow

इ

ई

ईश्वर: īśvara:

God

ई

पठतु

अज: Goat

आलय: Temple

इष्टिका Brick

ईश्वर: God

उदाहरणं दृष्ट्वा तादृशवाक्यानि रचयतु वदतु लिखतु च udāharaṇaṁ dṛṣṭvā tādṛśavākyāni racatu vadatu likhatu ca

Looking at example below make, speak and write sentences.

दूरे अस्ति dūrē asti

if he is far

बालकः

Bālaka Boy

१. एषः बालकः

ēṣa: bālaka:

This is boy

एषः कः?

ēṣa: ka:

Who is this? (male)

१. सः वृद्धः

sa: vr ddha:

That is old man

सः कः?

sa: ka:

Who is that?

वृद्धः

vṛddha: Old man

गणेशः

gaṇēśa:

२.

२.

गोविन्दः

gōvinda:

आरक्षकः

ārakṣaka: Policeman

३.

३.

सैनिकः

sainika: Armyman

लेखनी

lēkhanī

एषा का?

ēṣā: kā

Who is this?

१. एषा लेखनी

ēṣā lēkhanī

This is Pen

सा का?

sā kā

Who is that?

सा पार्वती

sā pārvatī

That is Parvati

पार्वती

pārvatī

बालिका

Bālikā Girl

२.

२.

वृद्धा

vṛddhā old Woman

श्रद्धा

śraddhā

३.

३.

वधू

Vadhū Bride

कक्षायाः वस्तूनि नीत्वा छात्रान् पृच्छतु।

उदाहरणं दृष्ट्वा तादृशवाक्यानि रचतु वदतु लिखतु च udāharaṇaṁ dr̥ṣṭvā tādr̥śavākyāni racatu vadatu likhatu ca

Looking at example below make, speak and write sentences.

दूरे अस्ति dūrē asti
if it is far

पुस्तकम्	१. एतत् पुस्तकम्	एतत् किम्?	१. तत् गृहम्	तत् किम्?	गृहम्
Pustakam Book	ētat pustakam	ētat kim?	tat gr̥ham	tat kim?	gr̥ham house
	This is book	What is this?	That is house	What is that?	

छत्रम्

Chatram Umbrella

२.

२.

फलम्

Phalam Fruit

पुष्पम्

puṣpam Flower

३.

३.

फलकम्

Phalakam Board

उपनेत्रम्

Upanētram Glasses

दूरदर्शनम्

Dūradarśanam TV

	प्रश्नवाचक शब्द: praśnavācaka śabda:	समीपे अस्ति samīpē asti Near	दूरे अस्ति dūrē asti Far
पुलिङ्ग शब्द: puliṅga śabda: Masculine	क: ka: Who	एष: ēṣa: this	स: sa: that
स्त्रीलिङ्ग शब्द: strīliṅga śabda: Feminine	का kā	एषा ēṣā	सा sā
निर्जीव शब्द: nirjīva śabda: Neuter	किम् kim what	एतत् ētat	तत् tat

कक्षाया: वस्तूनि नीत्वा छात्रान् पृच्छतु।

उ

उलूक: ulūka:

Owl

उ

ऊ

ऊरुकम् ūrukam

Pant

ऊ

ए 1

एकम् ēkam

One

ए

ऐ

ऐरावत: airāvata:

Lord Indra's Elephant

ऐ

पठतु

उलूक: अन्धकारे उड्डयते	ulūka: andhakārē uḍḍayatē Owl flies in the night	ऐरावत: इन्द्रस्य गज:	airāvata: indrasya gaja: Airravat is Indra's Elphant
मम ऊरुकं नीलवर्णम् अस्ति	mama ūrukaṁ nīlavarṇam asti	एकं पुस्तकम्	ēkaṁ pustakam One book

कक्षावस्तूनि **kakṣāvastūni** Classroom things

अङ्कनी
aṅkanī
Pencil

लेखनी
lēkhanī
Pen

मार्जनी
mārjanī
Erasure

पुस्तकम्
pustakam
Book

लेखनपुस्तकम्
Lēkhanapustakam
Notebook

स्यूतः
syūta:
Bag

घटी
ghaṭī
Clock

फलकम्
phalakam
Board

वर्णाङ्कनी
varṇāṅkanī
Crayon

कर्तरी
Kartarī
Scissors

अङ्कनीपेटिका
Aṅkanīpēṭikā
Pencil Box

निर्यासकूपी
Niryāsakūpī
glue

शिक्षकः
śikṣaka:
Teacher(m)

शिक्षिका
śikṣikā
Teacher(F)

छात्रः
chātra:
Student(M)

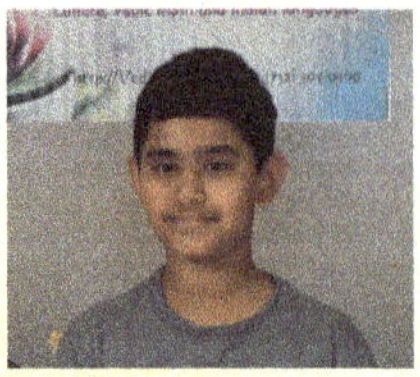

सङ्गडकम्
saṅgaḍakam
Computer

दीपः
dīpa:
Lamp

छात्रा
chātrā
Student (F)

कक्षावस्तूनि प्रयुज्य सः/सा/तत् एषः/एषा/एतत् पाठयतु

उदाहरणं दृष्टवा वाक्यानि रचतु वदतु लिखतु च udāharaṇaṁ dṛṣṭavā vākyāni racatu vadatu likhatu ca

Looking at examples make sentences, speak and write too.

१

२

३

४
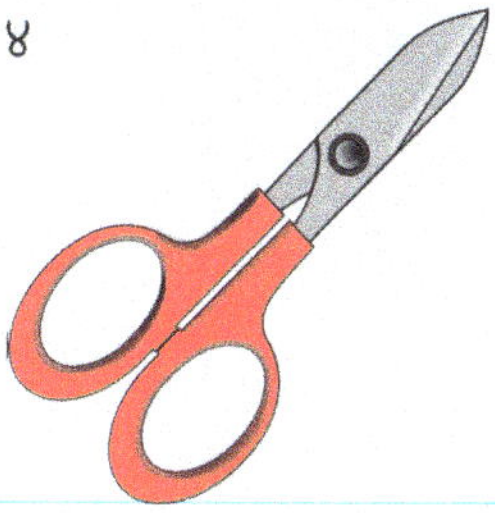

५

१. सा बालिका वा?	sā bālikā vā? Is that a girl?	आम्, सा बालिका।	ām sā bālikā	Yes, that a girl.
२. सः वृद्धः वा?	sa: vṛddha: vā? Is that a old man?	न, सः वृद्धः न सः बालकः।	na sa: vṛddha: na sa: bālaka:	No, that is not old man. That is a boy
३. सा घटी वा?	sā ghaṭī vā? Is that a clock?			
४. तत् पुस्तकं वा?	tat pustakaṁ vā? Is that a book?			
५. सः बालकः वा ।	sa: bālaka: vā Is that a boy			

वा? vā? Is ?   आम् ām Yes   न na No

रमा	ramā	बालिका	bālikā	Girls	✓	युवतिः	Yuvati:	Young girl	X
अर्जुनः	Arjuna	वैद्यः	vaidya	Doctor	X	विद्यार्थी	vidyārthī	Student (M)	✓
प्रकाशः	Prakash	शिक्षकः	Śikṣaka:	Teacher	✓	सैनिकः	Sainika:	Soldier	X
कर्णः	Karna	चित्रकारः	Citrakāra:	Painter	✓	आरक्षकः	ārakṣaka	Policeman	✓
अदिती	Aditi	न्यायवादी	nyāyavādī	Judge	✓	विद्यार्थिनी	vidyārthinī	Student (F)	X
अनसुया	Ansuya	गृहिणी	gṛhiṇī	Homemak-er	X	वैद्या	vaidyā	Doctor (F)	✓

रमा बालिका वा?	ramā bālikā vā? Is Ramā bālikā?	आम् ,रमा बालिका	ām ramā bālikā Yes, Ramā is girl	सा युवतिः न	sā yuvati: na She is not young girl
अर्जुनः वैद्यः वा?	arjuna: vaidya: vā? Is Arjun a doctor?	न, अर्जुनः वैद्यः न	na arjuna: vaidya: na No, Arjun is not doctor	सः विद्यार्थी	sa: vidyārthī He is student

रङ्गा: raṅgā: Colors

नारङ्ग: nāraṅga: Orange

नील: nīla: Blue

हरित: harita: Green

कपिश: kapiśa: Brown

पाटल: pāṭala: Pink

धूसर: dhūsara: Gray

रक्त: rakta: Red

पीत: pīta: Yellow

नीललोहित: nīlalōhita: Purpule

श्वेत: śvēta: White

कृष्ण: kŗṣṇa: Black

इन्द्रधनौ कति रंङ्गा: सन्ति?

indradhanau kati raṁṅgā: santi

How many colors are there in a rainbow?

पीतं पुष्पम्	pītaṁ puṣpam	**रक्तवर्णं सेवफलम्**	raktavarṇaṁ sēvaphalam
धूसर: गज:	dhūsara: gaja:	**श्वेत: कपोत:**	śvēta: kapōta:

कक्षावस्तूनि प्रयुज्य रङ्गा: पाठयतु

ओ 

ओष्ठ: ōṣṭha:

Upper Lip

ओ

औ 

औषधम् auṣadham

Medicine

औ

अं 

अंश: aṁśa:

Portion

अं

अः 

प्रातः prātaḥ

Early Morning

अः

ऋ 

ऋषि: ṛṣi

Sage

ऋ

पठतु

पठति
paṭhati
Read

लिखति
likhati
Write

स्पृशति
spr̥śati
Touch

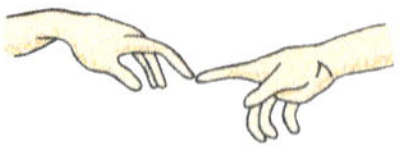

नमयति
namayati
Bend

चलति
Calati
Walk

बाधति
bādhati
Stop

धावति
dhāvati
Run

कूर्दति
kūrdati
Jump

रोदिति
rōditi
Cry

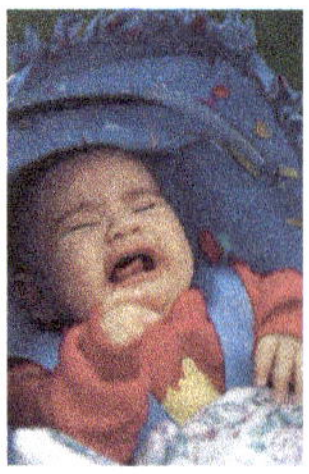

हसति
hasati
Laugh

निद्राति
nidrāti
Sleep

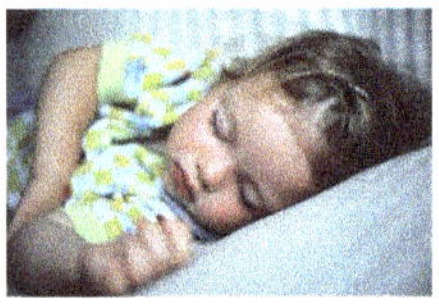

उत्तिष्ठति
uttiṣṭhati
Wake up

आगच्छति
āgacchati
Come

गच्छति
gacchati
Go

उपविशति
upaviśati
Sit Down

खादति
khādati
Eat

क्रीडति
krīḍati
Play

पश्यति
paśyati
See

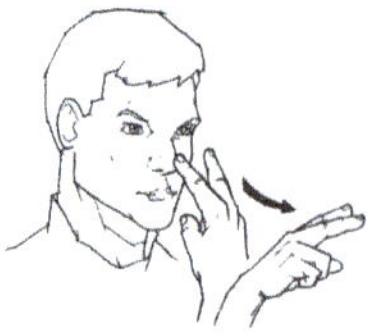

क्रियापदानि प्रयुज्य छात्रैः सह “कृष्णः वदति” क्रीडा क्रीडतु

With above action verbs please play Krishna Says kind of games with student.

शरीरस्य अङ्गानि Body parts

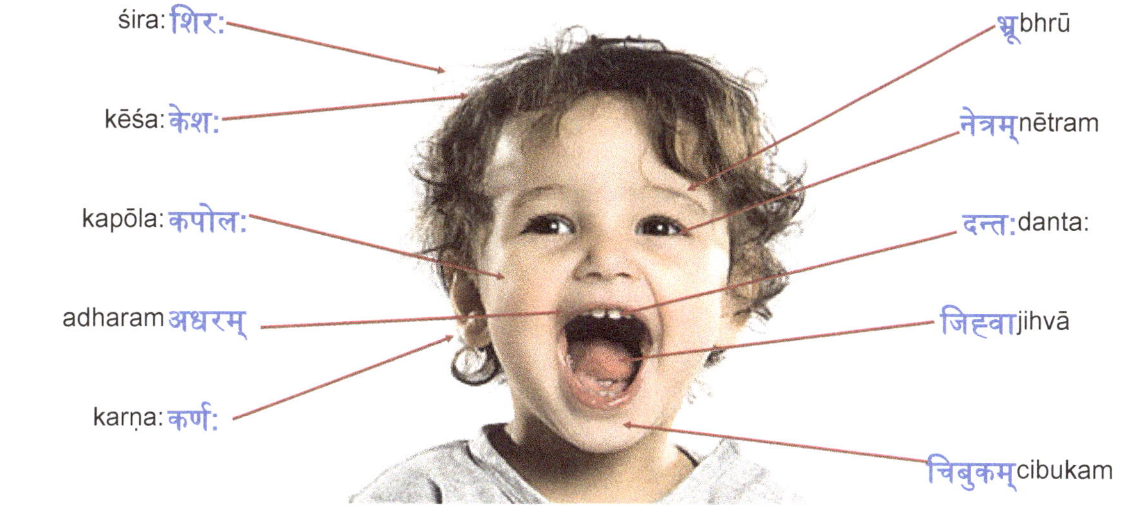

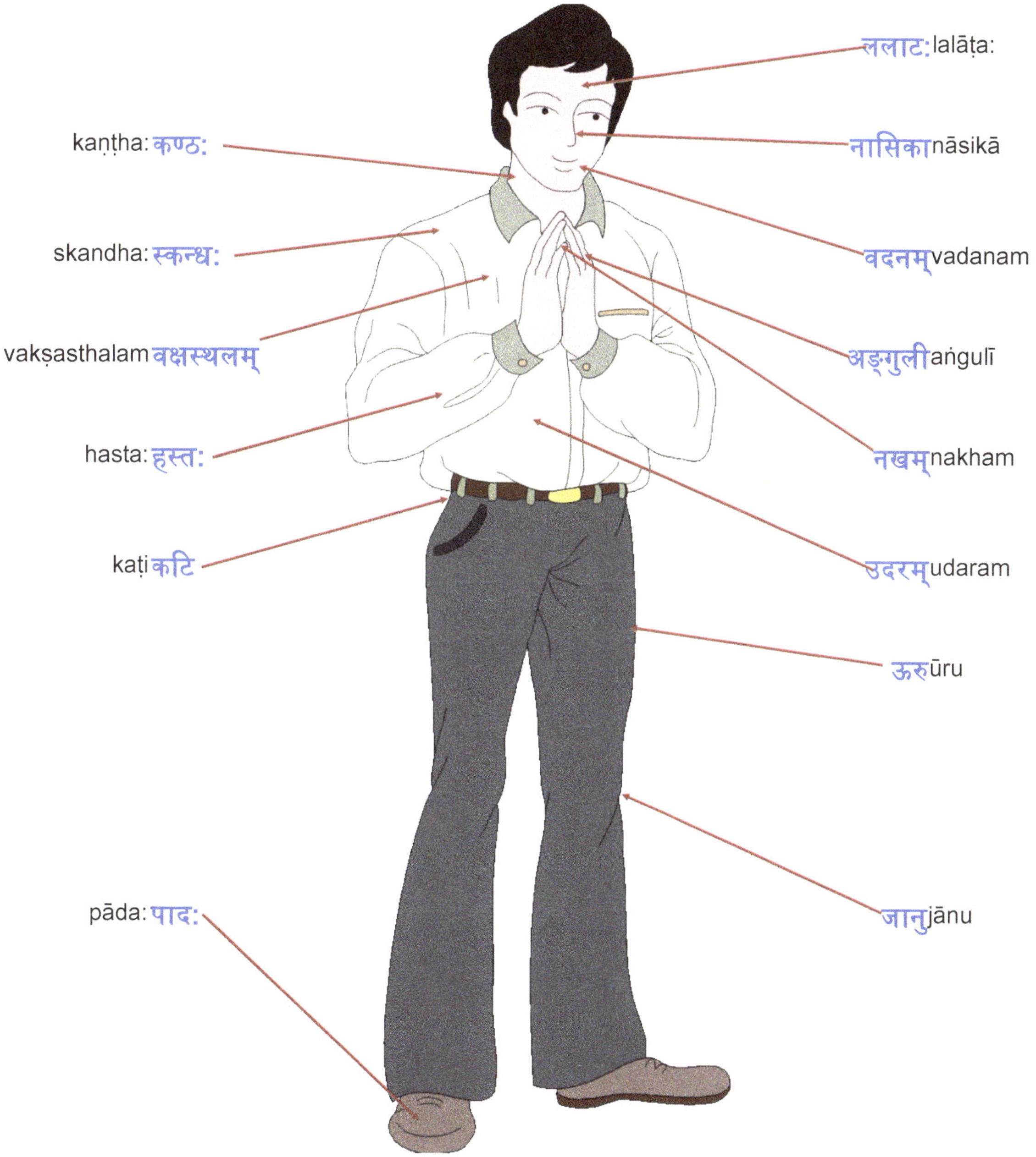

क

कमलम् kamalam

Lotus

क

ख

खग: khaga:

Bird

ख

ग

गज: gaja:

Elephant

ग

घ

घटी ghaṭī

Clock

घ

ङ

रङ्ग: raṅg:

Color

ङ

पठतु

एकम्	ēkam	One	अङ्ग	aṅga	Part
कर:	kara:	Hand/Tax	अङ्क:	aṅka:	Number

स्नान पूर्वं प्रार्थना Prayer before bath

गङ्गे च यमुने चैव गोदावरि सरस्वति ।

नर्मदे सिन्धुकावेरि जलेऽस्मिन् सन्निधिं कुरु ॥

gaṅgē ca yamunē caiva gōdāvari sarasvati |

narmadē sindhukāvēri jalēasmin sannidhiṁ kuru ||

Hey Ganga, Yamuna, Godavari, Saraswati, Narmada, Sindhu and Kaveri please enter and bless the water I am going to take bath from.

भोजनसमयस्य प्रार्थना Prayer before meal

ब्रह्मार्पणं ब्रह्म हविः ब्रह्माग्नौ ब्रह्मणाहुतम् ।
ब्रह्मैव तेन गंतव्यं ब्रह्म कर्म समाधिनः ॥
अहं वैश्वानरो भूत्वा प्राणिनां देहमाश्रितः ।
प्राणापानसमायुक्तः पचाम्यन्नं चतुर्विधम् ॥

The act of offering is God, the oblation is God By God it is offered into the Fire of God God is That which is to be attained by him who performs action pertaining to God.
Lord Krishan says " I dwell in the body of all beings. I join the incoming and out going air to digest the four- fold- food."

brahmārpaṇaṁ brahma haviḥ brahmāgnau brahmaṇāhutam |
brahmaiva tēna gaṁtavyaṁ brahma karma samādhinaḥ ||
ahaṁ vaiśvānarō bhūtvā prāṇinām dēhamāśrita:
prāṇāpānasamāyukta: pacāmyannaṁ caturvidham

शयनसमयस्य प्रार्थना Prayer before bed

रामं स्कंधं हनुमंतं
वैनतेयं वृकोदरम् ।
शयने यः स्मरेन्नित्यम्
दुस्वप्न-स्तस्यनश्यति ॥

rāmaṁ skaṁdhaṁ hanumaṁtaṁ
vainatēyaṁ vṛkōdaram |
śayanē yaḥ smarēnnityam
dusvapna-stasyanaśyati ||

At the time of sleep, the bad dreams are driven away by constant remembrance of Rama, Subramanya, Hanuman, Garuda, and Bheema.

शांति मंत्रं Peace Prayer

असतोमा सद्गमया ।
तमसोमा ज्योतिर्गमया ।
मृत्योर्मा अमृतंगमया ।
ॐ शांतिः शांतिः शांतिः
सर्वे भवंतु सुखिनः
सर्वे संतु निरामयाः ।
सर्वे भद्राणि पश्यंतु
मा कश्चिद्दुःख भाग्भवेत् ॥

asatōmā sadgamayā |
tamasōmā jyōtirgamayā |
mṛtyōrmā amṛtaṁgamayā |
ōṁ śāṁtiḥ śāṁtiḥ śāṁtiḥ
sarvē bhavaṁtu sukhinaḥ
sarvē saṁtu nirāmayāḥ |
sarvē bhadrāṇi paśyaṁtu
mā kaścidduḥkha bhāgbhavēt ||

From the unreal, lead us to the Real; from darkness, lead us unto Light; from death, lead us to Immortality. Om peace, peace, peace.

May everybody be happy, may everybody be free from disease. May everybody see goodness, may none fall on evil days.

च 

चमसः camasa:

Spoon

च

छ 

छात्रः chātr:

Student

छ

ज 

जलयानम्

jalayānam

Ship

ज

झ 

झषः jhaṣa:

Fish

झ

ञ ५

पञ्च pañca

Five

ञ

पठतु

च	Ca	And	चलति	Calati	Moves
चषकः	caṣaka:	Cup	छात्रा	chātrā	Student (f)

ट

टोपर: ṭōpara:

Small bag

ट

ठ

ठक्कुर:

ṭhakkura:

Idol

ठ

ड

डमरु: ḍamaru:

Small drum

ड

ढ

ढालम् ḍhālam

Shield

ढ

ण

1 + 2 = 3

7 - 2 = 5

गणित gaṇit

Mathematics

ण

पठतु

कण kaṇa Particle

गणना gaṇanā Counting

त

तारा tārā

Star

त

थ

स्थालिका sthālikā

Plate

थ

द

दीप: dīpa:

Lamp

द

ध

धनु: dhanu:

Bow

ध

न

नमस्ते namastē

Namaste

न

पठतु

नम:	nama:	Bow to	धनम्	dhanam	Money
तथास्तु	Tathāstu	So be it	ददाति	dadāti	Gives

शिष्टाचार: śiṣṭācāra: Etiquettes

हरि ओम्	hari ōm	Hello
सुप्रभातम्	suprabhātam	Good Morning
शुभरात्रि	śubharātri	Good night
धन्यवाद	dhanyavāda	Thank you
स्वागतम्	svāgatam	Welcome
क्षम्यताम्	kṣamyatām	Pardon
चिन्ता मास्तु	cintā māstu	Don`t worry
कृपया	kṛpayā	Please
पुन: मिलाम:	puna: milāma:	Let us meet again
श्रीमन्	śrīman	Sir
आर्ये/महोदये	āryē/mahōdayē	Madam
साधु साधु	sādhu sādhu	Very good
कथम अस्ति?	kathama asti?	How are you?
सम्यक् अस्मि	samyak asmi	I am good.
कुशलं किम्	kuśalaṁ kim	Are you well?
आम्, कुशलम्	ām, kuśalam	Yes, well
भवत/भवत्या नाम किम्	bhavata/bhavatyā nāma kim	What is your name
मम नाम	mama nāma	My name is ...
भवान्/भवती किं करोति	bhavān/bhavatī kiṁ karōti	What do you do?
अहं छात्र/छात्रा	aham chātra/chātrā	I am student.

प 

पत्रम् patram

Leaf

प

फ 

फलम् phalam

Fruit

फ

ब 

बालकः bālaka:

Boy

ब

भ 

भवनम् bhavanam

To run

भ

म 

मन्दिरम् mandiram

Temple

म

पठतु

पत्रं पतति	patraṁ patati	Leaf falls	बालकः पठति	bālaka: paṭhati	Boy reads
फलं खादतु	phalaṁ khādatu	Eat Fruits	ग्रामे मंदिरम् अस्ति	grāmē maṁdiram asti	Temple in village

य

युवक: yuvak:
Young Boy

य

र

रस: ras:
Juice

र

ल

लता latā
Creeper

ल

व

वाहनम् vāhanam
Carrier/Vehicle

व

पठतु

युवक: रसं पिबति — yuvaka: rasaṁ pibati — Young boy drinks juice

वाहने वस्तूनि सन्ति — vāhanē vastūni santi — There are things in the career.

लता हरिता अस्ति — latā haritā asti — Creeper is green

वने लता: सन्ति — vane latā: santi — In Jungle there are creepers.

कक्षासम्बाद kakṣāsambāda Classdiscussion

Hello/Hi	नमस्ते	namastē
We will do prayer	वयं प्रर्थानां कुर्म:	vayaṁ prarthānāṁ kurma:
All stand up	सर्वे उतिष्ठन्तु	sarvē utiṣṭhantu
All sit down	सर्वे उपविशन्तु	sarvē upaviśantu
Do not make noise	कोलाहलं मा कुर्वन्तु	kōlāhalaṁ mā kurvantu
Open book	पुस्तकम् उद्घाटयतु	pustakam udghāṭayatu
Have you done your home-work	गृहकार्यं कृतवान् वा?	gṛhakāryaṁ kṛtavān vā?
It is cold today	अद्य शैत्यम् अस्ति	adya śaityam asti
Today weather is good	अद्य सम्यक् वातावरणम् अस्ति	adya samyak vātāvaraṇam asti
Keep bag on desk	स्यूतं उत्पीठीकायां स्थापयतु	syūtaṁ utpīṭhīkāyāṁ sthāpayatu
I am thirsty	अहं पिपासु अस्मि	ahaṁ pipāsu asmi
I have to go restroom	अहं शौचालयं गन्तुम इच्छामि	ahaṁ śaucālayaṁ gantuma icchāmi
I forgot to do homework	अहं गृहकार्यं विस्मृतवान्	ahaṁ gṛhakāryaṁ vismṛtavān
I was very busy	अहं व्यस्त: आसम्	ahaṁ vyasta āsam
I like Hindi class	मह्यम् हिन्दीकक्षा रोचते	mahyam hindīkakṣā rōcatē
I went shopping	अहं क्रयणार्थं गतवान्/गतवती	ahaṁ krayaṇārthaṁ gatavān/gatavatī
I go to math class also	अहं गणित कक्षाम् अपि गच्छामि	ahaṁ gaṇita kakṣām api gacchāmi
I am learning Sanskrit too	अहं संस्कृत अपि पठामि	ahaṁ saṁskṛta api paṭhāmi
Do you speak Hindi at home	भवान् गृहे हिन्दीभाषायां सम्भाषयति वा?	bhavān gṛhē hindībhāṣāyāṁ sam-bhāṣayati vā?
No, we speak Telugu at home	न, वयं गृहे तेलुगु वदाम:	na, vayaṁ gṛhē tēlugu vadāma:
Do you watch Hindi movie	भवान् हिन्दी चलचित्रं पश्यति वा?	bhavān hindī calacitraṁ paśyati vā?
yes, I watch Hindi movie	आम्, अहं हिन्दी चलचित्रं पश्यामि	ām, ahaṁ hindī calacitraṁ paśyāmi
I like Hritik Rosan	मह्यम् ऋतिक रोचते	mahyam ṛtika rōcatē

श

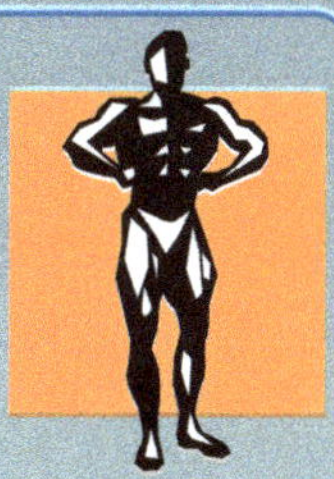

शरीरम् śarīram
Body

श

ष

वर्षा varṣā
Rain

ष

स

सङ्गीतम् saṁgītam
Music

स

ह

हसति hasati
To Laugh

ह

पठतु

बालकः हसति	bālaka: hasati	Boy laughs
सङ्गीतम् उत्तमम् अस्ति	saṅgītam uttamam asti	Music is nice.

क्ष 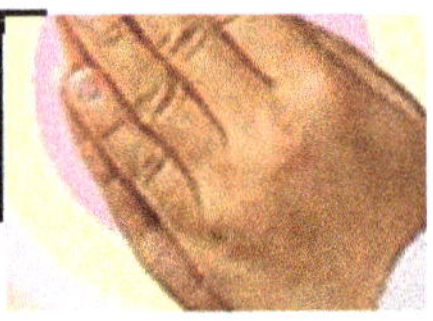

क्षमा kṣamā
Pardon

क्ष

त्र 

त्रिकोण: trikōṇ:
Triangle

त्र

ज्ञ 

ज्ञानम् jñānam
Knowledge

ज्ञ

पठतु लिखतु च

कक्षा	kakṣā	Class	कुत्र	kutra	Where
पत्रम्	patram	Letter	अत्र	atra	Here
अज्ञात	ajñāta	Unknown	तत्र	tatra	There
असह	asaha	Unbearable	सर्वत्र	sarvatra	everywhere
सरल	sarala	Simple	अन्यत्र	anyatra	somewhere else

दिशा diśā Direction

सः कमलः	sa: kamala: He is Kamal
कमलस्य पुरतः शकटः अस्ति	kamalasya purata: śakaṭa: asti Trolley is in front of Kamal
तस्य पृष्ठतः वसतिमन्दिरम् अस्ति	tasya pr̥ṣṭhata: vasatimandiram asti Hotel is behind him
तस्य दक्षिणतः देवालयः अस्ति	tasya dakṣiṇata: dēvālaya: asti Temple is on right of him
तस्य वामतः वृक्षः अस्ति	tasya vāmata: vr̥kṣa: asti Tree is on left of him
देवालयस्य उपरि कलशः अस्ति	dēvālayasya upari kalaśa: asti Round pinnacle is on temple
शकटस्य अधः शुनकः अस्ति	śakaṭasya adha: śunaka: asti Dog is under the trolley

बालकः बहिः अस्ति	bālaka: bahi: asti Boy is outside
बालिका अन्तः अस्ति	bālikā anta: asti Girl is inside
शुनकः .... अस्ति	śunaka: .... asti Dog is ...
मार्जालः .... अस्ति	mārjāla: .... asti Cat is

पुरतः	purata: In front	**बहिः**	bahi: Outside
पृष्ठतः	pr̥ṣṭhata: Beind	**अन्तः**	anta: Inside
दक्षिणतः	dakṣiṇata: Right	**उपरि**	upari Up
वामतः	vāmata: Left	**अधः**	adha: Down

दिन din Days

दिन	din	Days
सोमवारः	sōmavār:	Monday
मंगलवारः	maṁgalavār:	Tuesday
बुधवारः	budhavār:	Wednesday
बृहस्पतिवारः/ गुरुवारः	bṛhaspativār: / guruvār:	Thursday
शुक्रवारः	śukravār:	Friday
शनिवारः	śanivār:	Saturday
रविवारः	ravivār:	Sunday

सप्ताहे कति दिनानि सन्ति?

saptāhē kati dināni santi?

How many days are in a week?

यदि अद्य शुक्रवारः

yadi adya śukravāra:

If Today is Friday

ह्यः कः आसीत ?

hya: ka: āsīta ?

What was yesterday

प्रपरश्वः कः भवति ?

praparaśva: ka: bhavati ?

What will be day after tomorrow

अद्य
adya
Today

श्वः
śva:
Tomorrow

परश्वः
paraśva:
Day after tomorrow

प्रपरश्वः
praparaśva:
3 day after

प्रपरह्यः
praparahya:
3 Day before

परह्यः
parahya:
Day before yesterday

ह्यः
hya:
Yesterday

अद्य
adya
Today

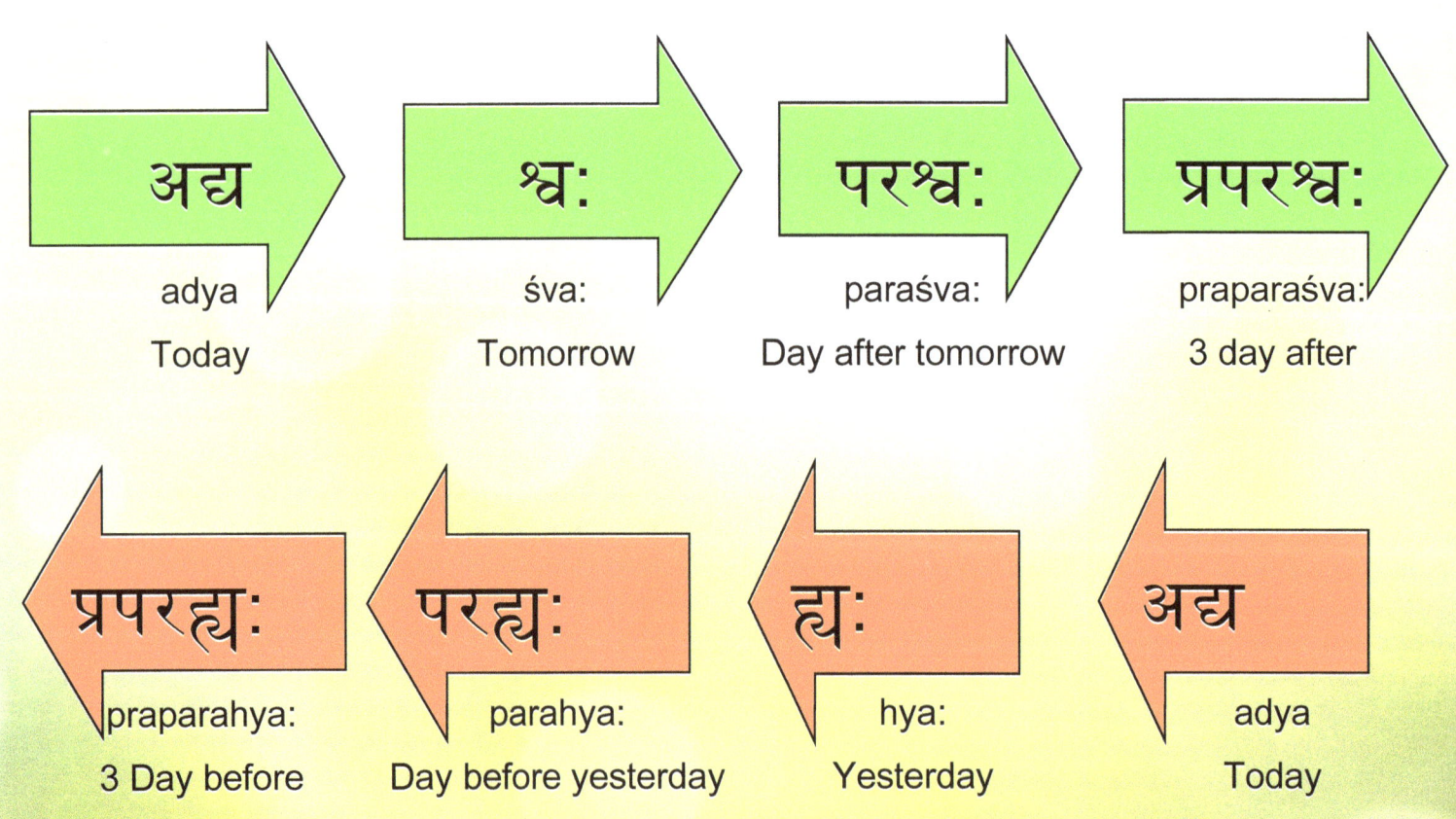

समयविषये samayaviṣayē Time-related

वादनम्	vādanam	o'clock	दिनम्	dinam	day
घण्टा	ghaṇṭā	hour	रात्रि	rātri	night
निमेष:	nimēṣa:	minute	प्रात:	prāta:	morning
घटी	ghaṭī	watch	पूर्वाह्ण	pūrvāhṇa	forenoon
सार्ध	sārdha	half past	मध्याह्न	madhyāhna	Noon
पादोन	pādōna	quarter less	अपराह्ण	aparāhṇa	Afternoon
सपाद	sapāda	quarter past	सायं	sāyaṁ	evening

1	It's nine o'clock.	नववादनम् ।	navavādanam |
2	It's 5:15.	सपाद-पञ्चवादनम् ।	Sapāda-pañcavādanam |
3	What is the time ?	समय: क:?	samaya: ka:?
		कति वादनम् ?	kati vādanam ?

1	3:30	half past three	सार्ध-त्रिवादनम्	sārdha-trivādanam
2	6:45	quarter until seven	पदोन-सप्तवादनम्	padōna-saptavādanam
3	9:15	quarter past nine	सपाद-नववादनम्	sapāda-navavādanam
4	4:20	twenty minutes past four	विंसतिधिक-चतुर्वादनम्	viṁsatidhika-caturvādanam
5	8:07	seven minutes past eight	सप्ताधिक-अष्टवादनम्	saptādhika-aṣṭavādanam
6	5:55	five minutes until six	पञ्चन्यून-षड्वादनम्	pañcanyūna-ṣaḍvādanam
7	4:40	twenty minutes until five	विशतिन्यून-पञ्चवादनम्	viśatinyūna-pañcavādanam
8	5:15	Quarter past five	सपाद-पञ्चवादनम्	sapāda-pañcavādanam

गणनां करोतु लिखतु च gaṇanāṁ karōtu likhatu ca Count and write

एकम् ēkam One

१

द्वे dvē Two

२

त्रीणि trīṇi Three

३

चत्वारि catvāri Four

४

पञ्च pañca Five

५

गणनां करोतु लिखतु च gaṇanāṁ karōtu likhatu ca Count and write

षट् ṣaṭ Six

६

सप्त sapta Seven

७

अष्ट aṣṭa Eight

८

नव nava Nine

९

दश daśa Ten

१०

अङ्कं लिखतु aṅkaṁ likhatu Write the number

एकादश ēkādaśa Eleven

११							

द्वादश dvādaśa Twelve

१२							

त्रयोदश trayōdaśa Thirteen

१३							

चतुर्दश caturdaśa Fourteen

१४							

पञ्चदश pañcadaśa Fifteen

१५							

अङ्कं लिखतु aṅkaṁ likhatu Write the number

षोडश ṣōḍaśa Sixteen

१६

सप्तदश saptadaśa Seventeen

१७

अष्टादश aṣṭādaśa Eighteen

१८

नवदश navadaśa Nineteen

१९

विंशतिः viṁśatiḥ Twenty

२०

वनप्राणी vanaprāṇī Jungle Animals

वनगर्दभः

vanagardabha:

Zebra

व्याघ्रः vyāghra: Tiger

चित्रोष्ट्रः

citrōṣṭra:

Giraffe

हरिणः

Hariṇa: Deer

सिंहः Siṁha: Lion

वानरः

vānara:

Monkey

कङ्गारु

kaṅgāru

Kangaroo

गजः

gaja: Elephant

चित्रकः citraka:Cheetah

करियादः kariyāda:

Hippopotamus

लोमटकः

lōmaṭaka:

Fox

भल्लूकः bhallūka: Bear

खड्गः khaḍga: Rhino

शाका: śākā: Vegetables

तुम्ब:
tumba:
Long Gourd

आलुकम्
ālukam
Potato

पलाण्डु:
palāṇḍu:
Onion

कारवेल्लम्
kāravēllam
Bitter Gourd

रक्तफलम्
raktaphalam
Tomato

भिण्डि:
bhiṇḍi:
Okra

कूष्माण्डकम्
kūṣmāṇḍakam
Pumpkin

वृन्ताकम्
vṛntākam
Eggplant

गृञ्जनकम्
gṛñjanakam
Carrot

लशुनम्
laśunam
Garlic

पुष्पशाकम्
puṣpaśākam
Cauliflower

कपिशाकम्
kapiśākam
Cabbage

आर्द्रक
ārdraka
Ginger

मरिच
marica
Hot-Pepper

शिमलामरिच
śimalā marica
Bell Pepper

चिल्ली
cillī
Spinach

मूलकम्
mūlakam
Radish

कर्कटी
karkaṭī
Cucumber

वर्तुलकम्
vartulakam
Peas

शबरकन्द:
śabarakanda:
Sweet Potato

अवारिका
avārikā
Cilantro

फलानि phalāni Fruits

आम्रम्
āmram
Mango

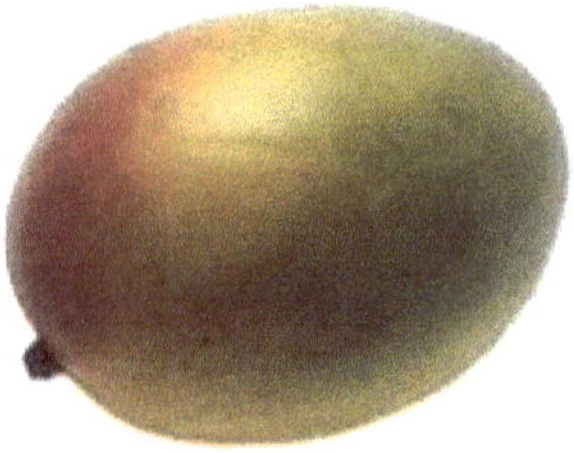

बीजपूरम्
bījapūram
Guava

द्राक्षा
drākṣā
Grapes

तृणबदरी
tṛṇabadarī
Strawberry

दालिम
dālima
Pomegranate

नाशपाती
nāśapātī
Pear

कदलीफलम्
kadalīphalam
Banana

नारङ्गः
nāraṅga
Orange

सेवफलम्
sēvaphalam
Apple

अनासम्
anāsam
Pineapple

कालिङ्गम्
kāliṅgam
Watermelon

सीताफलम्
sītāphalam
custard apple

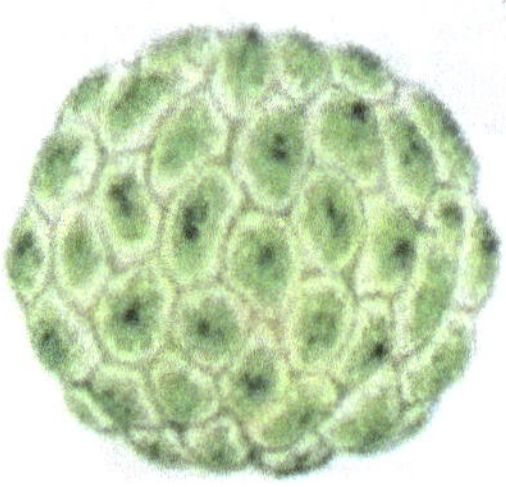

पनसफलम्
panasaphalam
Jackfruit

नारिकेलम्
nārikēlam
Coconut

नित्योपगनि वस्तूनि **nityōpagani vastūni** Everyday Things

पुस्तकम्
pustakam
Book

स्यूत:
syūta:
Bag

लेखिनी
lēkhinī
Pen

आसन्द:
āsanda:
Chair

उत्पीठीका
utpīṭhīkā
Table

कर्तरी
kartarī
Scissors

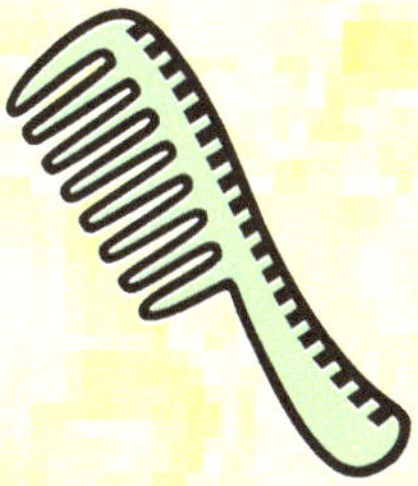

कङ्कतम्
kaṅkatam
Comb

पाञ्चालिका
pāñcālikā
Doll

वातायनम्
vātāyanam
Window

दर्पण:
darpaṇa:
Mirror

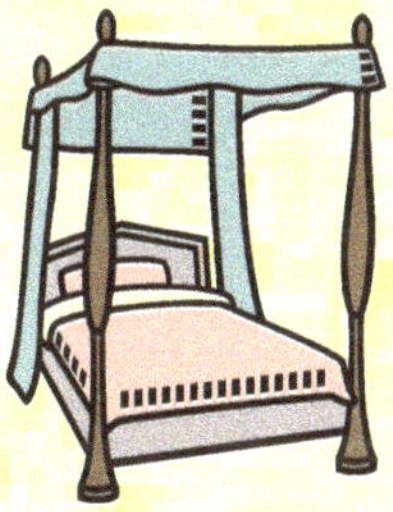

मञ्च:
mañca:
Bed

द्वारम्
dvāram
Door

उपधानम्
upadhānam
Pillow

कपाटिका
kapāṭikā
Cupboard

पादत्राणम्
pādatrāṇam
Shoe

उपनेत्रम्
upanētram
Glasses

गृहम्
gṛham
House

उद्यानम्
udyānam
Garden

मार्जारः mārjāra: Cat

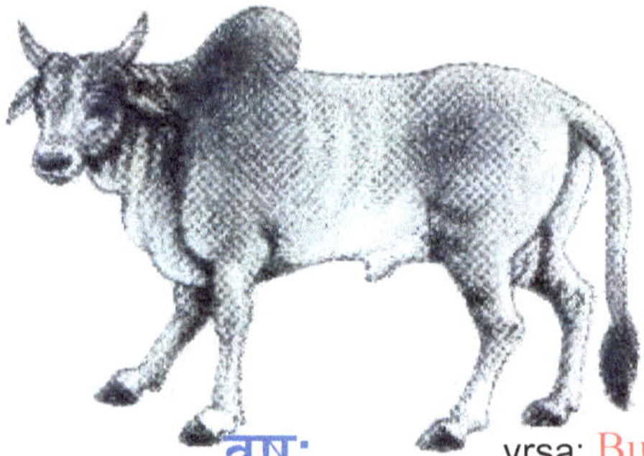

वृषः vr̥ṣa: Bull

महिषी mahiṣī Buffalo (F)

मेषः mēṣa: Sheep

अजः aja: Goat

शशः śaśa: Rabbit

धेनुः dhēnu: Cow

सूकरः sūkara :Pig

शुनकः śunaka: Dog

गर्दभः gardabha: Donkey

अश्वः aśva: Horse

उष्ट्रः Uṣṭra: Camel

विद्यार्थी सेवकः पान्थः क्षुधार्तो भयकातरः ।
भाण्डी च प्रतिहारी च सप्तसुप्तान् प्रबोधयेत् ॥

vidyārthī sēvakaḥ pānthaḥ kṣudhārtō bhayakātaraḥ |
bhāṇḍī ca pratihārī ca saptasuptān prabōdhayēt ||

MEANING -
We have to wake up seven people from sleep – student, servant, traveller, starving person, person in anguish, a porter and the watchman.

MORAL -
We all undergo above forms. We need to be careful when we are in these 7 forms…otherwise if we sleep, (neglect our duties), we may have to suffer.

काकचेष्टा बकध्यानं श्वाननिद्रा तथैव च।
स्वल्पाहारी ब्रह्मचारी विद्यार्थिपंचलक्षणम्।।

kākacēṣṭā bakadhyānaṁ śvānanidrā tathaiva ca|
svalpāhārī brahmacārī vidyārthipaṁcalakṣaṇam||

MEANING -
Intentiveness akin to a crow's, concentration like that of a crane, light sleep like that of a dog's, the consumption of moderate food, application to one's studies and self control. These are the six signs of a good student.

MORAL -
If we want get proper education we should be keep trying, be attentive, sleep and eat moderately and have self control.

सत्यं माता पिता ज्ञानं धर्मो भ्राता दया सखा ।
शान्तिः पत्नी क्षमा पुत्रः षडेते मम बान्धवाः ॥

satyaṁ mātā pitā jñānaṁ dharmō bhrātā dayā sakhā |
śānti: patnī kṣamā putra: ṣaḍētē mama bāndhavā: ||

MEANING -
Truth is my mother, Knowledge is my father, Dharma (Duty & righteousness) is my brother, Compassion is my friend, Peacefulness is my wife and Forgiveness my son. These six are my kith and keens.

MORAL -
We should lead our life with six qualities Truth, Knowledge, Dharma, Compassion, Peace and firgiveness

उद्यमेन हि सिध्यन्ति कार्याणि न मनोरथैः ।
न हि सुप्तस्य सिंहस्य प्रविशन्ति मुखे मृगाः ।।

udyamēna hi sidhyanti kāryāṇi na manōrathaiḥ |
na hi suptasya siṁhasya praviśanti mukhē mṛgāḥ ||

MEANING -
Any work will not get accomplished just merely by desiring for it's completion. A 'prey' by itself doesn't enter in to the sleeping lion's mouth.

MORAL -
The desire and capabilities should be added by the efforts and hard work to achieve the goal! Even if the lion has the capabilities to catch it's prey, the prey will not automatically fall in it's mouth!!

जलबिन्दुनिपातेन क्रमशः पूर्यते घटः ।
स हेतुः सर्वविद्यानां धर्मस्य च धनस्य च ॥

jalabindunipātēna kramaśaḥ pūryatē ghaṭaḥ |
sa hētuḥ sarvavidyānāṁ dharmasya ca dhanasya ca ||

Meaning
A pot gets filled by water falling into it one drop at a time. Such is the story of accumulation of knowledge (via education), good karma (by doing noble deeds), and wealth.

MORAL -
To achieve something in life one has to be persistent and patient.

न चोरहार्यं न च राजहार्यं न भ्रातृभ्राज्यं न च भारकारि।
व्यये कृते वर्धत एव नित्यं विद्याधनं सर्वधनप्रधानम्॥

na cōrahāryaṁ na ca rājahāryaṁ na bhrātr̥bhrājyaṁ na ca bhārakāri|
vyayē kr̥tē vardhata ēva nityaṁ vidyādhanaṁ sarvadhanapradhānam||

MEANING -
Knowledge can not be stolen by a thief. It cannot be taken away by a King. It cannot be divided among brothers. It does not cause load. It always increases when spent. The wealth of knowledge is the greatest of all wealths.

MORAL -
Education is best wealth one can achieve. It is always with you. It is unlike other form of wealth which can be stolen, divided, taxed or be burden on you.

Remember to choose happy

चित्ते प्रसन्ने भुवनं प्रसन्नं चित्ते विषण्णे भुवनं विषण्णम् ।
अतोऽभिलाषो यदि ते सुखे स्यात् चित्तप्रसादे प्रथमं यतस्व ॥

cittē prasannē bhuvanaṁ prasannaṁ cittē viṣaṇṇē bhuvanaṁ viṣaṇṇam |
atō:'bhilāṣō yadi tē sukhē syāt cittaprasādē prathamaṁ yatasva ||

Meaning
If the mind is happy, the entire world (seems) happy. If the mind is despondent, the entire world (seems) despondent. Hence, if you desire happiness, strive towards the happiness of the mind first.

MORAL -
If the mind is happy, the world looks happy and cheerful; if the mind is sad, the world looks sad and morose! To be a well rounded person, it is all the more essential to strive towards keeping the mind cheerful and positive. Stay happy, understand life!

अज्ञेभ्यो ग्रन्थिनः श्रेष्ठाः ग्रन्थिभ्यो धारिणो वराः।
धारिभ्यो ज्ञानिनः श्रेष्ठाः ज्ञानिभ्यो व्यवसायिनः॥

ajñēbhyō granthinaḥ śrēṣṭhāḥ granthibhyō dhāriṇō varāḥ |
dhāribhyō jñāninaḥ śrēṣṭhāḥ jñānibhyō vyavasāyinaḥ ||

MEANING -
Among the ignorant, a well read person is better; amid the well read, those who have a grasp (of the material) are a blessing. In the midst of those with a good grasp, those that have assimilated the knowledge are considered better; amongthose that have assimilated the knowledge, those that put it to practice are deemed the best!

MORAL -
Read and achieve knowledgeable. Understand and practice the knowledge in your life. It is said, an ounce of practice is worth more than tons of preaching! And then, there is - practice makes perfect! So get practicing and perfecting!!

चतुरः काकः catura: kāka: Cleaver crow

एकः काकः अस्ति। सः तृषितः भवति। सः जलस्य अन्वेषणं करोति। सर्वत्र पश्यति। कुत्रापि जलम् एव न अस्ति। सः सर्वत्र भ्रमति।

ēkaḥ kākaḥasti. saḥ tṛṣitaḥbhavati. saḥ jalasya anvēṣaṇaṁkarōti. Sarvatra paśyati. kutrāpi jalam ēva naasti. saḥ sarvatrabhramati.

There was a crow. He became thirsty. He searched for water. He saw everywhere. Water was not anywhere. He searched everywhere.

सुदूरं गच्छति । तत्र सः एकं घटं पश्यति । किन्तु घटे स्वल्पम् एव जलम् अस्ति । अतः जलं पातुं न शक्नोति ।

sudūraṁgacchati. tatra saḥ ēkaṁ ghaṭaṁpaśyati. kintu ghaṭē svalpam ēva jalam–asti. ataḥ jalaṁ pātuṁ naśaknōti.

He went far. There he saw a pitcher. But pitcher has little water only. That's why could not drink water.

सः एकम् उपायं चिन्तयति । शिलाखण्डान् आनयति । घटे स्थापयति । पुनः बहुशिलाखण्डान् आनयति । घटे स्थापयति । जलम् उपरि आगच्छति ।

saḥ ēkam upāyaṁcintayati. śilākhaṇḍān–ānayati. ghaṭē sthāpayati. punaḥ bahuśilākhaṇḍān–ānayati. ghaṭē sthāpayati. jalam upari āgacchati.

He thought of a trick. He brought pebbles. He put in the pitcher. Again put in the pitcher. Water came up.

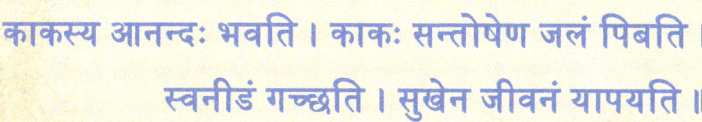

काकस्य आनन्दः भवति । काकः सन्तोषेण जलं पिबति । स्वनीडं गच्छति । सुखेन जीवनं यापयति ॥

kākasya ānandaḥ bhavati. kākaḥ santōṣēṇa jalaṁ pibati. svanīḍaṁ gacchati. sukhēna jīvanaṁ yāpayati.

Crow became happy. Crow contently drank water. Went to his nest. Lived happy life.

कृष्ण: गोपी च kr̥ṣṇa: gōpī ca Krishn and Gopi

कृष्ण: गोकुले वसति। प्रतिदिनं गोप्य: तेन सह नृत्यन्ति।
kr̥ṣna: gōkulē vasati| pratidinaṁ gōpya: tēna saha nr̥tyanti.
Krishn lived in Gokul. Everyday Gopis used to dance with him

कृष्ण वेणुगानम् अपि करोति तदा मृगा पक्षिण च तत् मधुरं गानं श्रोतुम आगच्छन्ति।
kr̥ṣṇa vēṇugānam api karōti tadā mr̥gā pakṣiṇa ca tat madhuraṁ gānaṁ śrōtuma āgacchanti.
Krishn also played flute. Then animals and birds came to hear that sweet song.

एकदा सा "क्षीरं, दधि" इति न क्रन्दति। परन्तु "गोविन्द, दामोदर, माधव" इति एव सा उच्चैः घोषयति
ēkadā sā "kṣīraṁ, dadhi" iti na krandati| parantu "gōvinda, dāmōdara, mādhava" iti ēva sā uccai: ghōṣayati
Once she 'Milk, Curd' did not say. "Govind, Damodar, Maadhav" she declared loudly.

तस्याः सख्यः तदा हसन्ति। सा गोपी लज्जिता भवति।
tasyā: sakhya: tadā hasanti| sā gōpī lajjitā bhavati
Her friends then laughed. That Gopi got embarrassed.

परन्तु कृष्णः तत्र आगच्छति। तं दृष्ट्वा सा सन्तुष्टा भवति।
parantu kṛṣṇa: tatra āgacchati. taṁ dṛṣṭvā sā santuṣṭā bhavati
But Krishn came there. Looking at him she became content.

वाणिज्यकारस्य चातुर्यम् vāṇijyakārasya cāturyam Seller's smartness

एक वाणिज्यकारः शिरस्त्राणां विक्रेतुं नगरं प्रति प्रस्थितवान्। मार्गे वनम् आसीत्। आतपेन क्लान्तः सः वृक्षस्य अधः उपविष्टवान्। निद्रां च प्राप्तवान्। तस्य पार्श्वे शिरस्त्रबन्धः आसीत्।

ēka vāṇijyakāra: śirastrāṇāṁ vikrētuṁ nagaraṁ prati prasthitavān. mārgē vạnam āsīt.ātapēna klānta: sa: vṛkṣasya adha: upaviṣṭavān| nidrāṁ ca prāptavān| tasya pārśvē śirastrabandha: āsīt|

A seller started for city to cell caps. On the way there was a jungle. Tired with heat he sat under the trees. And fell asleep. The cap container was beside him.

वृक्षस्य शाखासु वानराः आसन्। ते शाखातः अधः आगतवन्तः। एकैकः एकैकं शिरस्त्रं धृतवान्।

vṛkṣasya śākhāsu vānarā: āsan| tē śākhāta: adha: āgatavanta:| ēkaika: ēkaikaṁ śirastraṁ dhṛtavān.

On the tree branches there were monkeys. They came down from branches. Each one wore a cap.

घण्टाद्वानन्तरं वाणिज्यकारः निद्रात उत्थितवान्। तस्य समीपे द्वित्राणि एव शिरस्त्राणि आसन्। सः उपरि दृष्टवान्। तत्र एकैकस्य वानरस्य शिरसि एकैकं शिरस्त्रं आसीत्। सः किञ्चित् चिन्तितवान्। तस्य मनसि एकः उपायः सफुरितः।

ghaṇṭādvānantaraṁ vāṇijyakāra: nidrāta utthitavān| tasya samīpē dvitrāṇi ēva śirastrāṇi āsan| sa: upari dṛṣṭavān| tatra ēkaikasya vānarasya śirasi ēkaikaṁ śirastraṁ āsīt| sa: kiñcit cintitavān| tasya manasi ēka: upāya: saphurita:|

After two hours seller got up from sleep. Near him there were 2-3 caps only. He saw up. There each money had one-one cap. He thought something. An idea came in his mind.

सः स्वशिरस्त्रं अधः क्षिप्तवान्। यत् अन्य करोति तत् वानराः अपि कुर्वन्ति। वानराः अपि स्वशिरस्त्रं अधः क्षिप्तवान्। चतुरः वाणिज्यकारः शिरस्त्राणि सङ्गृह्य झटिति निर्गतवान्।

sa: svaśirastraṁ adha: kṣiptavān| yat anya karōti tat vānarā: api kurvanti| vānarā: api svaśirastraṁ adha: kṣiptavān| catura: vāṇijyakāra: śirastrāṇi saṅgṛhya jhaṭiti nirgatavān|

He threw his cap down. As anyone else does monkeys also do same. Monkeys also threw caps down. Clever seller collected caps and moved away quickly.

चतुर: काक: catura: kāka: Clever Crow

काकः आभरणम् आदाय वृक्षं प्रति गच्छति। तदा राजकुमार्याः सेवकाः काकम् अनुगत्य वृक्षस्य समीपं गच्छन्ति।
kāka: ābharaṇam ādāya vrksaṁ prati gacchati. tadā rājakumāryā: sevakā: kākaṁ anugatya vṛkṣasya samipaṁ gacchanti.
The crow took the jewels and went near tree. Then princess servants followed the crow and went near tree.
काकः आभरणं वृक्षंस्य कोटरे क्षिपति।
kāka: ābharaṇaṁ vṛkṣaṁsya kōṭarē kṣipati.
The crow threw the jewels on tree hole.
सेवकाः तत् दृष्ट्वा कोटरस्य बहिः काष्ठैः ताडयन्ति।
sēvakā: tat drstvā kōṭarasya bahi: kāṣṭhai: tāḍayanti.
The servants seeing this beat up the whole's outside with wooden sticks.
सर्पः बहिः आगच्छति। सेवकाः सर्पं मारयन्ति।
sēvakā: sarpa: bahi: āgacchati. sēvakā: sarpaṁ mārayanti.
The snake came out. The servants killed him.

दैनिकश्लोका: dainikaślōkā: Daily Prayers

विवादे विषादे प्रमादे प्रवासे जले चानले पर्वते शत्रुमध्ये।
अरण्ये शरण्ये सदा मां प्रपाहि गतिस्त्वं गतिस्त्वं त्वमेका भवानि ॥7॥

vivādē viṣādē pramādē pravāsē jalē cānalē parvatē śatrumadhyē
araṇyē śaraṇyē sadā māṁ prapāhi gatistvaṁ gatistvaṁ tvamēkā bhavāni

While I am in a heated argument, immersed in sorrow, suffering an accident, traveling far off. While I am in water or fire,on the top of a mountain, surrounded by enemies, in a deep forest.
Oh Goddess Bhavani , I always bow before thee, So you are my refuge and my only refuge.

ॐ असतो मा सद्गमय तमसो मा ज्योतिर्गमय ।
मृत्योर्मामृतं गमय ॐ शान्ति शान्ति शान्ति ।।
ōṁ asatō mā sadgamaya tamasō mā jyōtirgamaya
mr̥tyōrmāmr̥taṁ gamaya ōṁ śānti śānti śānti

Om Lead Us From Untruth To Truth,
Lead Us From Darkness To Light.
Lead Us From Death To Immortality,
Om Let There Be Peace Peace Peace.

शुक्लाम्बरधरं विष्णुं शशिवर्णं चतुर्भुजम् ।
प्रसन्नवदनं ध्यायेत् सर्वविघ्नोपशान्तये ॥
śuklāmbaradharaṁ viṣṇuṁ śaśivarṇaṁ caturbhujam
prasannavadanaṁ dhyāyēt sarvavighnōpaśāntayē

We Meditate on Sri Vishnu, Who is Wearing White Clothes, Who is All-Pervading, Who is Bright in Appearance like the Moon and Who is Having Four Hands. Who is Having a Compassionate and Gracious Face, Let us Meditate on Him To Ward of all Obstacles.

वक्रतुंड महाकाय सूर्यकोटि समप्रभ:।
निर्विध्नं कुरु मे देव सर्वकार्येषु सर्वदा॥

vakratuṁḍa mahākāya sūryakōṭi samaprabha:
nirvidhnaṁ kuru mē dēva sarvakāryēṣu sarvadā

Oh! Lord (Ganesha), of huge body and curved elephant trunk, whose brilliance is equal to billions of suns, always remove all obstacles from my endeavors

---

रामाय रामभद्राय रामचन्द्राय वेधसे।
रघुनाथाय नाथाय सीताया: पतये नम:॥

rāmāya rāmabhadrāya rāmacandrāya vēdhasē
raghunāthāya nāthāya sītāyā: patayē nama:

I bow to Rāma, the most charming personality and the most charming bestower of good luck, who is the great Brahma, a great Race and Lord of Sita.

वसुदेवसुतं देवं कंसचाणूरमर्दनम् ।
देवकीपरमानन्दं कृष्णं वंदे जगद्गुरुम्।।

vasudēvasutaṁ dēvaṁ kaṁsacāṇūramardanam
dēvakīparamānandaṁ kr̥ṣṇaṁ vaṁdē jagadgurum

I bow to Lord Krishna, the son of Vasudeva, who was the cause of mother Devaki's immense happiness, and the one who killed the wicked Kansa and Chanoora, and who is the supreme teacher or the teacher of the universe.

हरः पापानि हरतात् शिवो दत्तां सदा शिवम् ।
न जानामीति नो ब्रूयात् सर्वज्ञपदभाग् यतः ॥

haraḥ pāpāni haratāt śivō dattāṁ sadā śivam
na jānāmīti nō brūyāt sarvajñapadabhāg yataḥ ||

May Lord Siva remove the sins. May Lord Siva bestow auspiciousness on us always. Lord Siva cannot tell that He does not know anything about the devotee because He is All-Knowing (Omniscient).

सर्वे भवन्तु सुखिनः सर्वे सन्तु निरामयाः।
सर्वे भद्राणि पश्यन्तु मा कश्चित् दुःख भाग्भवेत्॥
sarvē bhavantu sukhinaḥ sarvē santu nirāmayāḥ
sarvē bhadrāṇi paśyantu mā kaścit duḥkha bhāgbhavēt

May all be happy. May all remain free from disabilities. May all see auspicious things. May none suffer sorrows.

विभक्ति सूची vibhakti sūcī Word Forms

अकारान्त: पुंलिङ्ग: देव-शब्द: akārānta: puṁliṅga: dēva-śabda:

विभक्ति: vibhakti:	एकवचनम् ēkavacanam	द्विवचनम् dvivacanam	बहुवचनम् bahuvacanam
प्रथमा prathamā	देव: dēva:	देवौ dēvau	देवा: dēvā:
द्वितीया dvitīyā	देवम् dēvam	देवौ dēvau	देवान् dēvān
तृतीया tṛtīyā	देवेन dēvēna	देवाभ्याम् dēvābhyām	देवै: dēvai:
चतुर्थी caturthī	देवाय dēvāya	देवाभ्याम् dēvābhyām	देवेभ्य: dēvēbhya:
पञ्चमी pañcamī	देवात् dēvāt	देवाभ्याम् dēvābhyām	देवेभ्य: dēvēbhya:
षष्ठी ṣaṣṭhī	देवस्य dēvasya	देवयो: dēvayō:	देवानाम् dēvānām
सप्तमी saptamī	देवे dēvē	देवयो: dēvayō:	देवेषु dēvēṣu
सम्बोधन sambōdhana	हे देव hē dēva	हे देवौ hē dēvau	हे देवा: hē dēvā:

आकारान्त: स्त्रीलिङ्ग: लता ākārānta: strīliṅga: latā

विभक्ति:	एकवचनम् ēkavacanam	द्विवचनम् dvivacanam	बहुवचनम् bahuvacanam
प्रथमा	लता latā	लते latē	लता: latā:
द्वितीया	लताम् latām	लते latē	लता: latā:
तृतीया	लतया latayā	लताभ्याम् latābhyām	लताभि: latābhi:
चतुर्थी	लतायै latāyai	लताभ्याम् latābhyām	लताभ्य: latābhya:
पञ्चमी	लताया: latāyā:	लताभ्याम् latābhyām	लताभ्य: latābhya:
षष्ठी	लताया: latāyā:	लतयो: latayō:	लतानाम् latānām
सप्तमी	लतायाम् latāyām	लतयो: latayō:	लतासु latsu
सम्बोधन	हे लते hē latē	हे लते hē latē	हे लता: hē latā:

ईकारान्त: स्त्रीलिङ्ग: नदी īkārānta: strīliṅga: nadī

विभक्ति:	एकवचनम्	द्विवचनम्	बहुवचनम्
प्रथमा	नदी nadī	नद्यौ nadyau	नद्य: nadya:
द्वितीया	नदीम् nadīm	नद्यौ nadyau	नदी: nadī:
तृतीया	नद्या nadyā	नदीभ्याम् nadībhyām	नदीभि: nadībhi:
चतुर्थी	नद्यै nadyai	नदीभ्याम् nadībhyām	नदीभ्य: nadībhya:
पञ्चमी	नद्या: nadyā:	नदीभ्याम् nadībhyām	नदीभ्य: nadībhya:
षष्ठी	नद्या: nadyā:	नद्यो: nadyō:	नदीनाम् nadīnām
सप्तमी	नद्याम् nadyām	नद्यो: nadyō:	नदीषु nadīṣu
सम्बोधन	हे नदि hē nadi	हे नद्यौ hē nadyau	हे नद्य: hē nadya:

अकारान्त: नपुंसकलिङ्ग: वन akārānta: napuṁsakaliṅga: vana

विभक्ति:	एकवचनम्	द्विवचनम्	बहुवचनम्
प्रथमा	वनम् vanam	वने vanē	वनानि vanāni
द्वितीया	वनम् vanam	वने vanē	वनानि vanāni
तृतीया	वनेन vanēna	वनाभ्याम् vanābhyām	वनै: vanai:
चतुर्थी	वनाय vanāya	वनाभ्याम् vanābhyām	वनेभ्य: vanēbhya:
पञ्चमी	वनात् vanāt	वनाभ्याम् vanābhyām	वनेभ्य: vanēbhya:
षष्ठी	वनस्य vanasya	वनयो: vanayō:	वनानाम् vanānām
सप्तमी	वने vanē	वनयो: vanayō:	वनेषु vanēṣu
सम्बोधन	हे वन hē vana	हे वने hē vanē	हे वनानि hē vanāni

दकारान्त: स्त्रीलिङ्ग: तद् dakārānta: strīliṅga: tad

विभक्ति:	एकवचनम्	द्विवचनम्	बहुवचनम्
प्रथमा	सा sā	ते tē	ता: tā:
द्वितीया	ताम् tām	ते tē	ता: tā:
तृतीया	तया tayā	ताभ्याम् tābhyām	ताभि: tābhi:
चतुर्थी	तस्यै tasyai	ताभ्याम् tābhyām	ताभ्य: tābhya:
पञ्चमी	तस्या: tasyā:	ताभ्याम् tābhyām	ताभ्य: tābhya:
षष्ठी	तस्या: tasyā:	तयो: tayō:	तासाम् tāsām
सप्तमी	तस्याम् tasyām	तयो: tayō:	तासु tāsu

दकारान्त: पुलिङ्ग: तद् dakārānta: puliṅga: tad

विभक्ति:	एकवचनम्	द्विवचनम्	बहुवचनम्
प्रथमा	स: sa:	तौ tau	ते tē
द्वितीया	तम् tam	तौ tau	तान् tān
तृतीया	तेन tēna	ताभ्याम् tābhyām	तै: tai:
चतुर्थी	तस्मै tasmai	ताभ्याम् tābhyām	तेभ्य: tēbhya:
पञ्चमी	तस्मात् tasmāt	ताभ्याम् tābhyām	तेभ्य: tēbhya:
षष्ठी	तस्य tasya	तयो: tayō:	तेषाम् tēṣām
सप्तमी	तस्मिन् tasmin	तयो: tayō:	तेषु tēṣu

लकार प्रकोष्ठ lakāra prakōṣṭha Action word forms

लट् लकार:			
puruṣa	एकवचनम् ēkavacanam	द्विवचनम् dvivacanam	बहुवचनम् bahuvacanam
प्रथम पुरुष prathama	**पठति** paṭhati	पठत: paṭhata:	**पठन्ति** paṭhanti
मध्यम पुरुष madhyama	**पठसि** paṭhasi	पठथ: paṭhatha:	**पठथ** paṭhatha
उत्तम पुरुष uttama	**पठामि** paṭhāmi	पठाव: paṭhāva:	**पठाम:** paṭhāma:
लोट **लकार:**			
प्र.पु. pra.pu.	**पठतु** paṭhatu	पठताम् paṭhatām	**पठन्तु** paṭhantu
म.पु. ma.pu.	**पठ** paṭha	पठतम् paṭhatam	**पठत्** paṭhat
उ.पु. u.pu.	**पठानि** paṭhāni	पठाव paṭhāva	**पठाम** paṭhāma
लृट लकार: Future			
	पठिष्यति paṭhiṣyati	पठिष्यत: paṭhiṣyata:	**पठिष्यन्ति** paṭhiṣyanti
	पठिष्यसि paṭhiṣyasi	पठिष्यथ: paṭhiṣyatha:	**पठिष्यथ** paṭhiṣyatha
	पठिष्यामि paṭhiṣyāmi	पठिष्याव: paṭhiṣyāva:	**पठिष्याम:** paṭhiṣyāma:
अनद्यतनभूत Recent Past			
	अपठत् apaṭhat	अपठताम् apaṭhatām	**अपठन्** apaṭhan
	अपठ: apaṭha:	अपठतम् apaṭhatam	**अपठत** apaṭhata
	अपठम् apaṭham	अपठाम apaṭhāma	**अपठाम** apaṭhāma
लट् लकार: Present	**आत्मनेपदी** ātmanēpadī		
	वन्दते vandatē	वन्देते vandētē	**वन्दन्ते** vandantē
	वन्दसे vandasē	वन्देथे vandēthē	**वन्दध्वे** vandadhvē
	वन्दे vandē	वन्दावहे vandāvahē	**वन्दामहे** vandāmahē

उदाहरणा: Examples

बालक: पठति /बालकौ पठत: / बालका: पठन्ति
bālaka: paṭhati / bālakau paṭhata: / bālakā: paṭhanti

त्वं पठसि / युवां पठथ: / यूयं पठथ
tvaṁ paṭhasi / yūvāṁ paṭhatha: / yūyaṁ paṭhatha

अहं पठामि / आवां पठाव: / वयं पठाम:
ahaṁ paṭhāmi / āvāṁ paṭhāva: / vayaṁ paṭhāma:

क्रियापदकोष्टकम् kriyāpadakōṣṭakam Verb Table

Verb	Present	Future	Request/Order	Past(M)	Fast(F)	Having done	To do
Speak	वदति vadati	वदिष्यति vadiṣyati	वदतु vadatu	उक्तवान् uktavān	उक्तवती uktavatī	उक्त्वा uktavā	वक्तुम vaktuma
Read	पठति paṭhati	पठिष्यति paṭhiṣyati	पठतु paṭhatu	पठितवान् paṭhitavān	पठितवती paṭhitavatī	पठित्वा paṭhitvā	पठितुम् paṭhitum
Writes	लिखति likhati	लेखिष्यति lēkhiṣyati	लिखतु likhatu	लिखितवान् likhitavān	लिखितवति likhitavati	लिखित्वा likhitvā	लेखितुम् lēkhitum
Teaches	पाठयति pāṭhayati	पाठयेष्यति pāṭhayeṣyati	पाठयतु pāṭhayatu	पाठितवान् pāṭhitavān	पाठितवती pāṭhitavatī	पाठयित्वा pāṭhayitvā	पाठयितुम् pāṭhayitum
Goes	गच्छति gacchati	गमिष्यति gamiṣyati	गच्छतु gacchatu	गतवान् gatavān	गतवती gatavatī	गत्वा gatvā	गन्तुम् gantum
Salutes	नमति namati	नम्स्यति nasyati	नमतु namatu	नतवान् natavān	नतवती natavatī	नत्वा natvā	नमितुम् namitum
Meets	मिलति milati	मेलिष्यति mēliṣyati	मिलतु milatu	मिलितवान् militavān	मिलितवती militavatī	मिलित्वा militvā	मेलितुम् mēlitum
Asks	पृच्छति pṛcchati	प्रक्ष्यति prakṣyati	पृच्छतु pṛcchatu	पृष्टवान् pṛṣṭavān	पृष्टवती pṛṣṭavatī	पृष्ट्वा pṛṣtvā	प्रष्टुम praṣṭuma
Tells	कथयति kathayati	कथयष्यति kathayaṣyati	कथयतु kathayatu	कथितवान् kathitavān	कथितवती kathitavatī	कथयित्वा kathayitvā	कथयितुम् kathayitum
Drinks	पिबति pibati	पास्यति pāsyati	पिबतु pibatu	पीतवान् pītavān	पीतवती pītavatī	पीत्वा pītvā	पातुम् pātum
Eats	खादति khādati	खादिष्यति khādiṣyati	खादतु khādatu	खादितवान् khāditavān	खादितवती khāditavatī	खादित्वा khāditvā	खादितुम् khāditum
Is able to	शक्नोति śaknōti	शक्ष्यति śakṣyati	शक्नोतु śaknōtu	शक्तवान् śaktavān	शक्तवती śaktavatī	शक्त्वा śaktvā	शक्तुम् śaktum
Does	करोति karōti	करिष्यति kariṣyati	करोतु karōtu	कृतवान् kṛtavān	कृतवती kṛtavatī	कृत्वा kṛtvā	कर्तुम् kartum
Plays	क्रीडति krīḍati	क्रीडष्यति krīḍaṣyati	क्रीडतु krīḍatu	क्रीडितवान् krīḍitavān	क्रीडितवती krīḍitavatī	क्रीडित्वा krīḍitvā	क्रीडितुम् krīḍitum
Swims	तरति tarati	तरिष्यति tariṣyati	तरतु taratu	तरितवान् taritavān	तरितवती taritavatī	तरित्वा taritvā	तरितुम् taritum
Run	धावति dhāvati	धाविष्यति dhāviṣyati	धावतु dhāvatu	धावितवान् dhāvitavān	धावितवती dhāvitavatī	धावित्वा dhāvitvā	धावितुम् dhāvitum
Walks	चलति calati	चलिष्यति caliṣyati	चलतु calatu	चलितवान् calitavān	चलितवती calitavatī	चलित्वा calitvā	चलितुम् calitum
Drives	चालति cālati	चालयिष्यति cālayiṣyati	चालतु cālatu	चालितवान् cālitavān	चालितवती cālitavatī	चालयित्वा cālayitvā	चालयितुम् cālayitum
Falls	पतति patati	पतिष्यति patiṣyati	पततु patatu	पतितवान् patitavān	पतितवती patitavatī	पतित्वा patitvā	पतितुम् patitum
Carries	नयति nayati	नेष्यति nēṣyati	नयतु nayatu	नीतवान् nītavān	नीतवती nītavatī	नीत्वा nītvā	नेतुम् nētum
Dances	नृत्यति nṛtyati	नर्तिष्यति nartiṣyati	नृत्यतु nṛtyatu	नृत्तवान् nṛttavān	नृत्तवती nṛttavatī	नर्तित्वा nartitvā	नर्तितुम् nartitum
Sees	पश्यति paśyati	द्रक्ष्यति drakṣyati	पश्यतु paśyatu	दृष्टवान् dṛṣṭavān	दृष्टवती dṛṣṭavatī	दृष्ट्वा dṛṣṭvā	द्रष्टुम् draṣṭum
Sings	गायति gāyati	गास्यति gāsyati	गायतु gāyatu	गीतवान् gītavān	गीतवती gītavatī	गीत्वा gītvā	गातुम् gātum
Listens	श्रुणोति śruṇōti	श्रोष्यति śrōṣyati	श्रुणोतु śruṇōtu	श्रुतवान् śrutavān	श्रुतवती śrutavatī	श्रुत्वा śrutvā	श्रोतुम् śrōtum
Meditates	ध्यायति dhyāyati	ध्यास्यति dhyāsyati	ध्यायतु dhyāyatu	ध्यातवान् dhyātavān	ध्यातवती dhyātavatī	ध्यात्वा dhyātvā	ध्यातुम् dhyātum
Knows	जानाति jānāti	ज्ञास्यति jñāsyati	जानातु jānātu	ज्ञातवान् jñātavān	ज्ञातवती jñātavatī	ज्ञात्वा jñātvā	ज्ञातुम् jñātum
Stays	वसति vasati	वत्स्यति vatsyati	वसतु vasatu	उषितवान् uṣitavān	उषितवती uṣitavatī	उषित्वा uṣitvā	वस्तुम् vastum
Becomes	भवति bhavati	भविष्यति bhaviṣyati	भवतु bhavatu	अभवत् abhavat	अभवत् abhavat	भूत्वा bhūtvā	भवितुम् bhavitum
Exprncs	अनुभवति anubhavati	अनुभविष्यति anubhaviṣyati	अनुभवतु anubhavatu	अनुभूतवान् anubhūtavān	अनुभूतवती anubhūtavatī	अनुभूय anubhūya	अनुभवितुम् anubhavitum

www.ingramcontent.com/pod-product-compliance
Lightning Source LLC
Chambersburg PA
CBHW061105070526
44579CB00011B/138
9781956679069